すみっコぐらしの四季めぐり

監修 サンエックス

はじめに

あなたは、どんなことで季節を感じますか？
日本には、二十四節気と七十二候という、昔ながらの季節の分け方があります。
二十四節気は、一年を二十四に分けたもので、それぞれの期間は十五日ほど。「立春」「冬至」などです。
その節気をさらに「初候」「次候」「末候」の三つに分けたのが七十二候。それぞれの期間は五日ほどで、桜、ホタル、ツバメ、虹など、動植物や気候にちなんだ名

前がついています。江戸時代には、農作業の目安にもされるなど、人々の生活に深く根ざしていました。

この本では、二十四節気と七十二候をたどることで感じられる、季節の移りかわりを紹介しています。また、その時期の草花や食べ物、習慣などについては「季節のすみっこ」でも説明していますので、ぜひ見てみてくださいね。

ページをめくれば春夏秋冬。すみっコぐらしのみんなと、日本の季節をのんびり感じてみませんか。

春

はじめに
すみっコ紹介 ... 2

立春 りっしゅん 二月四日ごろ～
- 初候 東風解凍 はるかぜこおりをとく ... 12
- 次候 黄鶯睍睆 うぐいすなく ... 13
- 末候 魚上氷 うおこおりをいずる ... 14

雨水 うすい 二月十九日ごろ～
- 初候 土脉潤起 つちのしょううるおいおこる ... 16
- 次候 霞始靆 かすみはじめてたなびく ... 17
- 末候 草木萌動 そうもくめばえいずる ... 18

啓蟄 けいちつ 三月六日ごろ～
- 初候 蟄虫啓戸 すごもりむしとをひらく ... 20
- 次候 桃始笑 ももはじめてさく ... 22
- 末候 菜虫化蝶 なむしちょうとなる ... 23
- 24

春分 しゅんぶん 三月二十一日ごろ～
- 初候 雀始巣 すずめはじめてすくう ... 26
- 次候 桜始開 さくらはじめてひらく ... 27
- 末候 雷乃発声 かみなりすなわちこえをはっす ... 28

清明 せいめい 四月五日ごろ～
- 初候 玄鳥至 つばめきたる ... 30
- 次候 鴻雁北 こうがんかえる ... 31
- 末候 虹始見 にじはじめてあらわる ... 32
- 33

穀雨 こくう 四月二十日ごろ～
- 初候 葭始生 あしはじめてしょうず ... 34
- 次候 霜止出苗 しもやみてなえいずる ... 35
- 末候 牡丹華 ぼたんはなさく ... 36
- 38

行事のすみっこ① 食べ物 ... 39

夏

立夏 りっか 五月五日ごろ〜
- 初候 蛙始鳴 かわずはじめてなく … 42
- 次候 蚯蚓出 みみずいずる … 43
- 末候 竹笋生 たけのこしょうず … 44

小満 しょうまん 五月二十一日ごろ〜
- 初候 蚕起食桑 かいこおきてくわをはむ … 47
- 次候 紅花栄 べにばなさかう … 48
- 末候 麦秋至 むぎのときいたる … 49

芒種 ぼうしゅ 六月六日ごろ〜
- 初候 蟷螂生 かまきりしょうず … 51
- 次候 腐草為螢 くされたるくさほたるとなる … 52
- 末候 梅子黄 うめのみきばむ … 54

夏至 げし 六月二十二日ごろ〜
- 初候 乃東枯 なつかれくさかるる … 56
- 次候 菖蒲華 あやめはなさく … 57
- 末候 半夏生 はんげしょうず … 58

小暑 しょうしょ 七月七日ごろ〜
- 初候 温風至 あつかぜいたる … 60
- 次候 蓮始開 はすはじめてひらく … 61
- 末候 鷹乃学習 たかすなわちわざをならう … 62

大暑 たいしょ 七月二十三日ごろ〜
- 初候 桐始結花 きりはじめてはなをむすぶ … 64
- 次候 土潤溽暑 つちうるおうてむしあつし … 65
- 末候 大雨時行 たいうときどきにふる … 66

行事のすみっこ②遊び … 68

秋

立秋 りっしゅう 八月八日ごろ〜
- 初候 涼風至 すずかぜいたる　72
- 次候 寒蝉鳴 ひぐらしなく　73
- 末候 蒙霧升降 ふかききりまとう　74

処暑 しょしょ 八月二十三日ごろ〜
- 初候 綿柎開 わたのはなしべひらく　78
- 次候 天地始粛 てんちはじめてさむし　79
- 末候 禾乃登 こくものすなわちみのる　80

白露 はくろ 九月八日ごろ〜
- 初候 草露白 くさのつゆしろし　81
- 次候 鶺鴒鳴 せきれいなく　83
- 末候 玄鳥去 つばめさる　84

秋分 しゅうぶん 九月二十三日ごろ〜
- 初候 雷乃収声 かみなりすなわちこえをおさむ　85
- 次候 蟄虫坏戸 むしかくれてとをふさぐ　86
- 末候 水始涸 みずはじめてかるる　88

寒露 かんろ 十月八日ごろ〜
- 初候 鴻雁来 こうがんきたる　90
- 次候 菊花開 きくのはなひらく　91
- 末候 蟋蟀在戸 きりぎりすとにあり　92

霜降 そうこう 十月二十三日ごろ〜
- 初候 霜始降 しもはじめてふる　94
- 次候 霎時施 こさめときどきふる　96
- 末候 楓蔦黄 もみじつたきばむ　97

行事のすみっこ③ 植物　98

冬

立冬 りっとう 十一月七日ごろ〜

- 初候 山茶始開 つばきはじめてひらく 102
- 次候 地始凍 ちはじめてこおる 103
- 末候 金盞香 きんせんかさく 105

小雪 しょうせつ 十一月二十二日ごろ〜

- 初候 虹蔵不見 にじかくれてみえず 106
- 次候 朔風払葉 きたかぜこのはをはらう 107
- 末候 橘始黄 たちばなはじめてきばむ 108

大雪 たいせつ 十二月七日ごろ〜

- 初候 閉塞成冬 そらさむくふゆとなる 111
- 次候 熊蟄穴 くまあなにこもる 112
- 末候 鱖魚群 さけのうおむらがる 113

冬至 とうじ 十二月二十二日ごろ〜

- 初候 乃東生 なつかれくさしょうず 115
- 次候 麋角解 さわしかのつのおつる 116
- 末候 雪下出麦 ゆきわたりてむぎのびる 117

小寒 しょうかん 一月五日ごろ〜

- 初候 芹乃栄 せりすなわちさかう 120
- 次候 水泉動 しみずあたたかをふくむ 121
- 末候 雉始雊 きじはじめてなく 122

大寒 だいかん 一月二十日ごろ〜

- 初候 款冬華 ふきのはなさく 124
- 次候 水沢腹堅 さわみずこおりつめる 125
- 末候 鶏始乳 にわとりはじめてとやにつく 126

すみっコ紹介

北はもう
だめだ…

ずるずる…

しろくま
北からにげてきた、さむがりで
ひとみしりのくま。あったかい
お茶をすみっこでのんでいる時が
いちばんおちつく。

ふろしき
しろくまのにもつ。
すみっこのばしょとりや
さむい時に使われる。

ぺんぎん？
自分はぺんぎん？
自信がない。
昔はあたまにお皿が
あったような…

ねこ
はずかしがりやで
体型を気にしている。
気が弱く、よくすみっこを
ゆずってしまう。

とかげ（本物）
とかげのともだち。
森でくらしている本物の
とかげ。細かいことは
気にしないのんきな性格。

ぺんぎん（本物）
しろくまが北にいたころに
出会ったともだち。
とおい南からやってきて
世界中を旅している。

…

ブラック
たぴおか
ふつうのたぴおかより
もっとひねくれている。

にせつむり
じつはカラをかぶった
なめくじ。
うそついてすみません…

とかげ
じつはきょうりゅうの
生きのこり。
つかまっちゃうので
とかげのふり。
みんなにはひみつ。

とんかつ
とんかつのはじっこ。
おにく1％、
しぼう99％。
あぶらっぽいから
のこされちゃった…

えびふらいのしっぽ
かたいから食べのこされた。
とんかつとは
こころつうじる友。

ざっそう
いつかあこがれの
お花屋さんでブーケに
してもらう！という夢を
持つポジティブな草。

すずめ
ただのすずめ。
とんかつを気に入って
ついばみにくる。

ふくろう
夜行性だけどなかよしのすずめに
合わせてがんばって昼間に起きている。
いつもねむくて目の下にクマができている。

ほこり
すみっこによくたまる
のうてんきなやつら。

おばけ
屋根裏のすみっこに
すんでいる。こわがられたく
ないのでひっそりとしている。

たぴおか
ミルクティーだけ先に
のまれて吸いにくいから
のこされてしまった。

春は、ふわふわ。
雲や草花、動物たち…
すべてがやわらかい
よそおいになります。
みんな、春が来るのを
ずっと待っていたので、
うれしくって心も
ふわふわしちゃいます。

立春
りっしゅん
【新暦二月四日ごろ～】

春の予感が
する季節

二十四節気では、立春から一年が始まります。立春をむかえると、寒さがやわらぐのももうすぐです。「春」と聞くだけでうれしくて、心がちょっぴりあたたかくなりますね。

東風解凍
はるかぜこおりをとく

立春 初候
【新暦二月四日〜二月八日ごろ】

やさしい風が
ふくころ

風はいつも、ひと足早く
新しい季節を知らせてくれます。
あんなに冷たかった風が、
やさしくふくようになりました。
川の氷も少しずつとけだして、
すっかりうすくなっています。
厚着していた服を
今日は一枚、へらしてみませんか。

季節のすみっこ

薄氷（うすらい）

春先のうすく張った氷のこと。「うすごおり」「はくひょう」とも読み、俳句では春の季語になっています。

【立春 次候】【新暦二月九日〜二月十三日ごろ】

黄鶯睍睆
うぐいすなく

**ウグイスが
さえずるころ**

ホー、ホケキョという鳥の声がどこからか聞こえてきます。「春告鳥（はるつげどり）」とも呼ばれ、昔から人々に愛されてきたウグイスです。軽やかなさえずりがひびくたび、寒さがゆるむようですね。声をたよりに、早春の主人公を探してみましょう。

季節のすみっこ

メジロ

この時期、メジロが梅の枝に遊びに来ます。きれいな黄緑色の小鳥で、目のまわり（とくちょう）が白いのが特徴です。

魚上氷

うおこおりをいずる

魚が元気に泳ぎだすころ

水があたたかくなって氷がとけてくると、魚や水の生き物たちもうれしくてじっとしていられません。パシャンと水のはねる音がしたら、だれかがダンスをしているのかも。

立春 末候

【新暦二月十四日〜二月十八日ごろ】

季節のすみっこ

春一番 立春を過ぎてから初めてふく、南よりの強い風のこと。春一番に限らず、春は風が強い日が多いので気をつけて。

【新暦二月十九日ごろ〜】

雨水
うすい

春の下準備を
する季節

ふる雪がしだいに
雨にかわり、
野山をおおっていた
雪や、厚く張っていた
氷がとけて、
水になる季節です。
昔の人たちは
雨水のころになると、
農作業の準備を
始めていました。

土脉潤起
つちのしょううるおいおこる

水が大地を うるおすころ

あたたかいと思ったら次の日は急に寒くなるなど天気がかわりやすい今の時期。
雨や雪どけ水が流れて、土の中にしみこみます。木や草花が芽を出すためにたっぷりの水がかかせません。

雨水 初候
【新暦二月十九日〜二月二十三日ごろ】

季節のすみっこ

残雪（ざんせつ）

北国や山のほうでは、まだすみっこに雪が残っていて、本格的な春まではもうちょっと。待ちどおしいですね。

じっ…

雨水 次候

【新暦二月二十四日～二月二十八日ごろ】

霞始靆
かすみはじめてたなびく

かすみが
ふんわりかかるころ

朝や夕方に、うっすらと白いもやがかかっていたら、窓を開けて少しながめてみて。見慣れた景色が、いつもよりやわらかく見える気がしませんか？

季節のすみっこ

朧月夜（おぼろづきよ）

ぼんやりとした形のお月さまがうかんだ、春の夜空のこと。霧がかかっているので、かすんで見えるのです。

雨水 末候

【新暦三月一日〜三月五日ごろ】

草木萌動
そうもくめばえいずる

明るい緑色の芽が出るころ

冬の間じっとしていた草木が、目を覚ましたようです。土や枯葉の下、木の枝などから思い思いに芽をのばします。新芽の明るい緑色を見ていると、なんだか心もはずみますね。

啓蟄
【新暦三月六日ごろ〜】

動物たちが目覚める季節

あちらこちらで
楽しそうに芽を
のばす植物たち。
冬ごもりをしていた
生き物たちにも、
その様子が伝わって
くるのでしょう。
一ぴき、二ひきと
明るい春空の下に
出てきます。

【新暦三月六日〜三月十日ごろ】

啓蟄 初候

蟄虫啓戸
すごもりむしとをひらく

虫たちが外に出てくるころ

外は風も水も土も、すっかりあたたかくなっています。寒がりさんも、思い切って外に出てみましょう！小さな虫や生き物たちも、みんな春が来たことをよろこんでいるみたい。

季節のすみっこ

沈丁花（じんちょうげ）

歩いていると、いい香り…その正体は沈丁花です。花を見つけるより先に、そのあまい香りでわかってしまいますね。

桃始笑

ももはじめてさく

桃の花が開き始めるころ

つぼみが開く様子は、まるでふんわり笑っているよう…そんなかわいらしい桃の花が、咲き始めるころです。
うす紅(べに)や白、濃いピンクなど種類によって色はさまざま。梅のあとに続いて、まわりをやさしく彩(いろど)ります。

啓蟄 次候
【新暦三月十一日～三月十五日ごろ】

啓蟄 末候

【新暦三月十六日〜三月二十日ごろ】

菜虫化蝶

なむしちょうとなる

**青虫がきれいな
チョウになるころ**

早春に生まれた
青虫たちも
さなぎになり、
羽化をむかえます。
モンシロチョウや
モンキチョウなど、
たくさんのチョウが
羽ばたくころです。

のどかな日差しの下、
ひらひらと軽やかに飛ぶ
チョウを見つけたら、
一緒にのんびりと
お散歩してみましょう。
心のむくまま歩いてみたら、
見たことのない
お花や小鳥たち…
あちこちで、すてきな春を
発見できるかもしれません。

季節のすみっこ

春キャベツ　　水分が多い春キャベツは、葉がやわらかく、みずみずしい歯ざわり。畑のすみっこにいる青虫も大好きな野菜です。

【新暦三月二十一日ごろ〜】

春分
しゅんぶん

みんなで春を楽しむ季節

一日のうち、昼と夜の長さがほぼ同じ日です。これから夏に向かって昼が長くなります。
みんなですてきな春を楽しみましょう。
お彼岸（ひがん）の時期なので、ご先祖（せんぞ）さまへ感謝の気持ちを伝えることも忘れずに。

雀始巣
すずめはじめてすくう

スズメが巣をつくるころ

そろそろ、スズメたちが巣づくりを始めます。どこがいいかな？場所を決めて、材料を運んで…新生活のどきどきとわくわくがつまった季節。居心地のいいすみっこが、どうか見つかりますように。

春分 初候
【新暦三月二十一日〜三月二十五日ごろ】

じ〜

ばしょとり

季節のすみっこ

ぼたもち　春のお彼岸に食べるぼたもちは、牡丹(ぼたん)の花が名前の由来となっています。重箱のすみの、おいしい春です。

春分 次候
【新暦三月二十六日〜三月三十日ごろ】

桜始開
さくらはじめてひらく

桜の花が
咲き始めるころ

もうすぐかな。あと少しかな。桜前線の動きにつられて、みんながそわそわしだすころ。出会いや別れのそばでいつも咲いている桜。たくさんの思い出と重なって、ちょっぴり特別な存在になっているのかもしれません。

雷乃発声

かみなりすなわちこえをはっす

春分 末候
【新暦三月三十一日〜四月四日ごろ】

春の雷が
鳴りだすころ

大きな音と光でおどろかす雷。びっくりするし、こわいけれど、実は「稲妻」と呼ばれるように昔の人たちは雷のことを、稲を成長させる大切な存在だと思っていたそうです。
そう思ったら、いつもよりこわくなくなるかも…?

季節のすみっこ

菜種梅雨(なたねづゆ)

「菜種」とは菜の花のこと。菜の花が咲く時期に続く、梅雨のようなぐずついた天気をこう言います。

清明
せいめい
【新暦四月五日ごろ〜】

明るい彩り(いろど)に
あふれた季節

あったかくて
気持ちがいいと、
ついたくさん
ねちゃいますよね。
でも今は、
空の青や若葉の緑、
花びらの赤や黄色が
あざやかな季節。
春の明るい風景を
見に行きませんか？

玄鳥至
つばめきたる

ツバメが南から飛んでくるころ

あたたかい南の国で冬を過ごしていたツバメたちが、日本に帰ってきました！街中を飛びまわり、巣をつくるのにいいすみっこがないか、探しています。家ののき下やお店のひさしの下…今年もどこかで、かわいいヒナたちを見られるかしら。

清明 初候
【新暦四月五日〜四月九日ごろ】

季節のすみっこ

初鰹（はつがつお）

鰹の旬は春と秋の二回。春から初夏にとれる初鰹はさっぱりした味で、江戸時代でも大人気だったそうです。

清明 次候

【新暦四月十日〜四月十四日ごろ】

鴻雁北
こうがんかえる

雁が北へ
旅立つころ

南から来たツバメたちと入れかわるようにして、冬を日本で過ごしていた雁たちが、旅立ちます。これから秋まで、しばしのお別れです。どうか気をつけて、行ってらっしゃい。

季節のすみっこ

鳥曇
とりぐもり

春、わたり鳥たちが北に帰るころのくもり空のこと。心のすみに、ほんのりさみしさが残る空模様です。

虹始見
にじはじめてあらわる

雨上がりに虹が見え始めるころ

夏の虹とちがい、あわくてすぐに消えてしまいそうな春の虹。「はかない」という言葉がぴったりですね。もし見つけられたら、すてきな一日が過ごせそう！

清明 末候
【新暦四月十五日〜四月十九日ごろ】

穀雨
こくう
【新暦四月二十日ごろ〜】

めぐみの雨が
ふる季節

春も終わりに
近づくころになると、
田畑では作物の
種まきが始まります。
今は、作物が育つのを
手伝ってくれる雨が
たくさんふる季節。
みんな芽を出しては
空に向かって
緑の葉をのばします。

葭始生

あしはじめてしょうず

葦の芽が力強く
のびてくるころ

このころ、水辺に芽を出す葦。日本の神話の中では、勢いよくのびるその芽が神さまの生まれ出る様子にたとえられるなど、古くからゆかりのある植物です。小さくてとがった葦の芽、見つけられるかな？

穀雨 初候

【新暦四月二十日〜四月二十四日ごろ】

季節のすみっこ

春の山菜

野山や林では、山菜がたくさん顔を出しています。ぜんまい、わらび、たらの芽など…春の味を楽しみましょう。

霜止出苗
しもやみてなえいずる

穀雨 次候
【新暦四月二十五日〜四月二十九日ごろ】

霜(しも)が終わり
稲の苗(なえ)が育つころ

うららかな春の空の下にいると、心も体もほんわかしてきます。いつしか霜もおりなくなり、気がつけばまもなく田植えの季節です。稲の苗がすくすくと育っています。

ひなたぼっこ

穀雨 末候
【新暦四月三十日～五月四日ごろ】

牡丹華
ぼたんはなさく

**牡丹の花が
咲くころ**

大きな花びらが重なりあって
咲く牡丹の花は、
はなやかで気品がありますね。
そんな牡丹の花が
咲き始めるころになると、
新茶の季節です。
八十八夜（はちじゅうはちや）が過ぎると、
いよいよ夏が始まります。

季節のすみっこ

八十八夜（はちじゅうはちや）

童謡「茶摘み」にもある「夏も近づく八十八夜…」は、立春（りっしゅん）から数えて八十八日目、今の暦（こよみ）で五月二日ごろのこと。

行事のすみっこ
① 食べ物

おすし

昔も今も、お祝いごとやおめでたい席で食べるものといったらおすしが定番ですね。にぎりずし、いなりずし、ちらしずし、巻きずし…種類もさまざまです。もとは鮒などの魚の塩づけと、ご飯を一緒につけこんでから食べる「なれずし」という保存食がおすしの原型だと言われています。今のような形になったのは、江戸時代からです。

縁起物

海老は長いひげと曲がった腰の様子から、長寿の願いがこめられています。鯛は「めでたい」、昆布巻きは「よろこぶ」という言葉にかかっています。おいしく食べて、願いがかなうといいですね。

夏は、きらきら。
お日さまが主役の
お昼も楽しいけれど、
あい色の夜空の下で
見るきらきら花火は
とってもきれい。
ずっと忘れられない
夏の思い出です。

立夏

りっか

【新暦五月五日ごろ〜】

青空が夏を告げる季節

さわやかな空気に、空はからりと晴れて明るい日差しがふりそそぎます。梅雨（つゆ）が来るまでの短い期間ですが、今は暑さも湿気（しっけ）もほとんどなく、お洗濯日和（せんたくびより）のいい天気が続きます。

立夏 初候

【新暦五月五日〜五月九日ごろ】

蛙始鳴
かわずはじめてなく

カエルの合唱が
聞こえるころ

耳をすませてみると、カエルの鳴き声が水辺から聞こえてきます。そして、卵からはおたまじゃくしが生まれ、外の世界に向かって元気に泳ぎだすころです。

やっほー

季節のすみっこ

鯉のぼり
こい

「鯉は滝を登ると龍になる」という中国の言い伝えから、五月五日の端午の節句に子どもの成長を願ってかざります。
たき　　りゅう
たんご

立夏 次候 【新暦五月十日〜五月十四日ごろ】

蚯蚓出

みみずいずる

土を耕すミミズが
活躍（かつやく）するころ

田んぼや畑の土を
栄養たっぷりにしてくれるミミズが、
地面から出てくるころです。
農作業をしていた人々にとっては
季節の名にするほど、大切な存在だったんですね。
それにしてもさわやかな風がふいて、
つい外でうとうとしたくなる陽気です。

立夏 末候

【新暦五月十五日〜五月二十日ごろ】

竹笋生
たけのこしょうず

筍が
顔を出すころ

芽が出たと思ったら、どんどんのびて…
あっという間に長い竹になります。
今はたくさんの植物が育つ時期ですが、
中でも筍は成長がとっても早くて
一日に数十センチものびるのだそう。
小さくても、筍には空に向かってのびていく
強い力がつまっているんですね。

筍
たけのこ

筍は、地面に顔を出す前のほうがおいしいですよ。竹の根もとの土を軽くふみながら、探してみましょう。

46

【新暦五月二十一日ごろ〜】

小満
しょうまん

みんなが成長する季節

植物も動物も人も、活気にあふれているこの季節。前の年の秋に種をまいた麦がたくさんの実をつけ、かり入れの時期が近づいてきました。麦の収穫（しゅうかく）が終わると、そのあとすぐに田植えが始まります。

小満 初候

【新暦五月二十一日〜五月二十五日ごろ】

蚕起食桑
かいこおきてくわをはむ

カイコが桑（くわ）の葉を食べるころ

カイコが、まゆをつくるために桑の葉をたくさん食べる時期です。動物たちも、みんないきいきと活動しています。おいしいごはんをたくさん食べて、明るい日光をあびて、毎日元気に過ごしたいですね。

季節のすみっこ

空豆（そらまめ）

さやが空に向かってつくことから「空豆」と言われます。大きなさやはふわふわで、まるで豆をくるむお布団（ふとん）のよう。

紅花栄
べにばなさかう

紅花(べにばな)が
たくさん咲くころ

アザミに似た、黄色のぽわぽわとしたかわいい花をつける紅花。その花びらは赤色の染料になります。花は黄色なのに赤い色が取れるって、ちょっと不思議ですね。

小満 次候

【新暦五月二十六日～五月三十日ごろ】

季節のすみっこ

青嵐(あおあらし)

初夏のころに、青々としげる葉の間を勢いよくふきぬける、さわやかな風のこと。「せいらん」とも読みます。

【新暦五月三十一日〜六月五日ごろ】

小満 末候

麦秋至
むぎのときいたる

麦の収穫が始まるころ

麦を収穫するこの時期は「麦秋(ばくしゅう)」「麦の秋」と呼ばれます。「秋」には、実を収穫する時期という意味もあるのです。

季節は初夏ですが、麦がこがね色に色づく様子は、まるで稲が実った秋の風景のようでもありますね。

季節のすみっこ

衣(ころも)がえ

六月一日は衣がえの日。クローゼットやタンスのすみっこも、忘れずにきちんと入れかえましょう。

芒種
【新暦六月六日ごろ〜】
ぼうしゅ

梅雨の雨雲が近づく季節

麦のかり入れが
ようやく終わったと
思ったら、今度は
田植えがいそがしく
なるころです。
そして、遠くからは
ねずみ色の雨雲が
近づいてきました。
そろそろ梅雨が
始まりそうですね。

芒種 初候

【新暦六月六日～六月十日ごろ】

蟷螂生
かまきりしょうず

カマキリの子どもが生まれるころ

カマキリの子どもたちがいっせいに卵からかえって、野原に出てきます。
大きなカマがちょっとこわくてかっこいいカマキリは、農作物につく小虫を食べてくれることもあるんです。
カマキリが来てくれたら、きゅうりの栽培（さいばい）もうまくいくかも…？

腐草為螢

くされたるくさほたるとなる

芒種 次候
【新暦六月十一日〜六月十五日ごろ】

ホタルが土の中からかえるころ

土の中でさなぎからかえり、枯草(かれくさ)の下から出てくるホタル。それを見て昔の人は枯草がホタルになったと思っていたのだとか。ホタルが飛び立つころ、梅雨(つゆ)が始まります。

季節のすみっこ

五月雨(さみだれ)

この「五月」は、旧暦(きゅうれき)の五月のこと。今の時期にふり続く雨のことを指しているのです。

芒種 末候

【新暦六月十六日〜六月二十一日ごろ】

梅子黄
うめのみきばむ

梅の実が黄色に
色づくころ

雨のふり続くこの時期は、梅の実が熟すころでもあります。まだ青くてかたい梅の実は梅酒や梅ジュースにするのがおすすめですが、黄色く熟した梅の実からはやわらかくておいしい梅干しができます。おにぎりの具にもぴったり。

季節のすみっこ

紫陽花（あじさい）

花びらが四枚あることから「四片（よひら）」とも言われる紫陽花。雨つぶをうけて、街角で色あざやかな花を咲かせます。

夏至

【新暦六月二十二日ごろ〜】
（げし）

夏が少しずつ
深まる季節

今日は、一年で一番昼が長い日です。明日からはまた、だんだんと日が短くなっていきます。そう聞くと、なんだかもう夏が終わってしまうような…？いえいえ、これからが夏本番ですよ！

乃東枯
なつかれくさかるる

夏至 初候
【新暦六月二十二日〜六月二十六日ごろ】

ウツボグサの
花が落ちるころ

初夏にむらさき色の小さな花をたくさん咲かせるウツボグサ。「夏枯草（なつかれくさ）」とも呼ばれます。花が落ちたあとの部分は薬になるので、昔から大切にされてきました。

季節のすみっこ

短夜（みじかよ）

夏の夜を表す言葉で、「たんや」とも読みます。花火やお祭り…短くても、夏の夜は楽しみがたくさんありますね。

夏至 次候
【新暦六月二十七日〜七月一日ごろ】

菖蒲華
あやめはなさく

梅雨を知らせる
アヤメが咲くころ

梅雨が始まるころ、むらさきのあざやかなアヤメの花が咲きます。同じ仲間のカキツバタやショウブととっても似ているのですが、よーく見てみると…実はちがうんです。

季節のすみっこ

アヤメ　花びらの根もとにあみ目模様があり、かわいた草地に咲きます。校庭や公園のはじっこで見かけませんでしたか？

半夏生
はんげしょうず

夏至 末候
【新暦七月二日～七月六日ごろ】

カラスビシャクが生えてくるころ

「半夏（はんげ）」とも呼ばれるカラスビシャクが生えるころ、そろそろ田植えの作業が終わりをむかえます。いそがしかった農作業も、ようやく一段落。みんなで、ちょっとひと休みしましょう。

【新暦七月七日ごろ～】

小暑
しょうしょ

夜空を見上げたくなる季節

長く続いた梅雨（つゆ）も、ようやく終わりにさしかかります。七夕（たなばた）の夜は、毎年晴れるか晴れないか、天気予報が気になりますよね。笹（ささ）の葉につける短冊（たんざく）に、今年は何を書こうかな？

温風至
あつかぜいたる

夏のあつい風がふくころ

南からふいてくる風が、ぐんぐんと気温を上げていきます。急に暑くなる日も出てきて、体調をくずしやすい時期。水分をしっかりとって、夏バテにならないよう気をつけましょうね。

【小暑 初候】
【新暦七月七日～七月十一日ごろ】

なつばて

季節のすみっこ
きゅうり
さっぱりした味とたっぷりの水分が、夏バテ予防にぴったりのきゅうり。昔は、あまり人気じゃなかったみたい…。

小暑 次候　【新暦七月十二日〜七月十六日ごろ】

蓮始開
はすはじめてひらく

蓮の花が咲くころ

うす紅色の花びらを持つ蓮の花が開き始めると、南のほうからだんだんと梅雨明けの知らせが届きます。公園の噴水や池、川の土手…水辺で過ごしたくなる今日このごろですね。海開きが待ちどおしいです。

季節のすみっこ

蓮

花がたくさん咲く様子は、まるで夢のようにきれいです。
花は午後にはしぼむので、早い時間に見に行きましょう。

鷹乃学習

たかすなわちわざをならう

鷹の子どもが飛ぼうとするころ

鷹の子どもたちが、親から飛び方や狩りの仕方を習います。
もうじき始まる楽しい夏休みに心はうきうきしますが、鷹の子どもたちのように、きちんと勉強もしなくちゃね。

小暑 末候
【新暦七月十七日〜七月二十二日ごろ】

【新暦七月二十三日ごろ〜】

大暑
たいしょ

夏本番の季節

雲の間から金色の太陽が顔を出して、いよいよ夏本番！昔の人たちは、風鈴（ふうりん）の音を聞いたり打ち水をしたり…と、五感ですずしく感じるような工夫をしていたんですって。

桐始結花

きりはじめてはなをむすぶ

桐の花が実を結ぶころ

初夏にうすむらさき色の
小さな花を咲かせる桐。
その花が実を結ぶころには、
暑さも本格的になってきます。
あまくて冷たいかき氷を食べて、
すずしくなりましょう。
でも急いで食べると、
頭がいたくなっちゃいますよ。

大暑 初候
【新暦七月二十三日〜七月二十八日ごろ】

きーん

大暑 次候
【新暦七月二十九日〜八月二日ごろ】

土潤溽暑
つちうるおうてむしあつし

むし暑さが
つのるころ

地面も空気もむしむしして、じっとりとまとわりつくような暑さが続きます。こんなときは、思い切って外へ水遊びに出かけましょう！昔の人たちも、暑い季節には川に船をうかべてすずんでいたそう。

季節のすみっこ

朝顔

夏の朝、赤むらさきや青むらさきの花を咲かせる朝顔。家の玄関や庭先で見かけると、心が晴れやかになりますね。

いつもとちがうところは、
ちょっぴりどきどきします。
けれど、いつもとちがうからこそ、
わくわく楽しい水遊び。
水しぶきがあたるのだって
慣れたら、きっと大丈夫。

大雨時行
たいうときどきにふる

【新暦八月三日〜八月七日ごろ】

大暑 末候

にわか雨が夕方にふるころ

青空に、もくもく白い入道雲（にゅうどうぐも）。
とても夏らしいながめですが、
そんな日は夕立に気をつけて。
雷が鳴ったと思ったら、
ざあっと大つぶの雨。
ひとときの通り雨は、
ほてった地面を冷やしてくれます。

季節のすみっこ
なめくじ

湿（しめ）ったところが好きで、雨の日の道ばたや公園のすみっこによくいます。かたつむりとは、ちょっとちがう…？

行事のすみっこ
② 遊び

🍀 金魚すくい

縁日は、夏の一大イベント。並んだ屋台は、輪なげに射的やヨーヨーつり…どれも楽しそうですね。中でも一番人気の遊びと言えば、金魚すくい。金魚をすくう遊びは、江戸時代の終わりごろからありましたが、今のように和紙のポイを使うようになったのは大正時代から。また、和紙ではなくモナカのポイを使う地域もあります。

🍀 お正月遊び

お正月は、昔の遊びをしてみるいいチャンスです。たこあげは広い場所が必要ですが、福笑い やかるた、けん玉など、家の中で遊べるものもあります。遊びのつもりが、つい本気になったりして…。

秋は、さわさわ。
あちらこちらで、
枯葉(かれは)がおどります。
風や虫、果物たちの
楽しいおしゃべりも、
さわさわと聞こえて
きませんか？

立秋
りっしゅう

【新暦八月八日ごろ〜】

ひと足先に
秋を伝える季節

暦の上では、今日から秋の始まりです。この日をさかいに、お便りも「暑中見舞い」から「残暑見舞い」になります。
照りつける太陽を見ていると、まだ夏が続くようですが、秋は来ているのです。

涼風至
すずかぜいたる

さわやかな風を感じるころ

昔は今よりもすずしかったようですから、このころにはもう、風にほんのり秋の気配があったのかもしれませんね。昼間は暑いので、朝早いうちに体を動かして、しゃきっと目覚めましょう。

立秋 初候
【新暦八月八日〜八月十二日ごろ】

立秋 次候

【新暦八月十三日〜八月十七日ごろ】

寒蝉鳴
ひぐらしなく

ヒグラシが
さみしそうに鳴くころ

カナカナ…と鳴くヒグラシ。
夕暮れどきに聞こえると、
そこはかとなく
さみしい気持ちになります。
ひまわりも咲いているのに、
まるで急に秋になったような…
そんな気がしませんか？

季節のすみっこ

西瓜
すいか

あまくて水分たっぷりの西瓜は、昔から暑い時期に人気でした。夏のイメージですが、実は秋の季語です。

【立秋 末候】【新暦八月十八日～八月二十二日ごろ】

蒙霧升降
ふかききりまとう

朝夕に霧が出るころ

山では朝夕の気温が下がり、霧の立ちこめる日が出てきます。お盆を過ぎて、夜のむし暑さも心持ちやわらいできたでしょうか。まだ暑さの残る昼下がり…ラムネやサイダーのしゅわしゅわとしたのどごしは、やっぱり格別です。

ぷはー

季節のすみっこ

新生姜（しんしょうが）

水分が多く、やさしいからさ。甘酢づけや炊きこみごはんなどにして、さわやかな風味を楽しみたいですね。

処暑

【新暦八月二十三日ごろ〜】

暑さが
やわらぐ季節

うだるような暑さが
一段落して、
だいぶ夜も
過ごしやすく
なってきましたね。
あれほどひびいて
いたセミの声も、
いつしかまばらに。
田んぼでは、稲が
緑色からこがね色に
かわってきます。

綿柎開
わたのはなしべひらく

綿花の収穫が始まるころ

【処暑 初候】

【新暦八月二十三日〜八月二十七日ごろ】

綿の木の実が熟してはじけると、中から白くてふわふわした綿花が顔を出します。秋冬をあたたかく過ごすための衣服や、ぬいぐるみをつくるのにかかせない材料になります。

処暑 次候

【新暦八月二十八日〜九月一日ごろ】

天地始粛
てんちはじめてさむし

夏の熱気が
しずまるころ

空や大地にこもっていた熱がゆっくりとぬけて、暑さがおさまってきました。今の時期は台風がよく来るので、前もってしっかり備えておきましょうね。

季節のすみっこ

二百十日
にひゃくとおか

立春から数えて二百十日目（今の暦で九月一日ごろ）は台風が多い日とされ、昔の人たちは注意していました。

処暑 末候 【新暦九月二日〜九月七日ごろ】

禾乃登

こくものすなわちみのる

**稲が実りを
むかえるころ**

夏の日差しをたっぷりあびて
栄養をたくわえた稲が、
重たそうに頭(こうべ)をたれるように
なりました。
稲穂(いなほ)がさわさわとさざめき、
まるで波うつ金色の海のよう。
収穫(しゅうかく)はもうじきです。
今から新米が楽しみですね。

季節のすみっこ

エノコログサ

ねこじゃらしのこと。ふさふさの穂先(ほさき)が犬のしっぽに似ているので「犬ころ草」→「エノコログサ」となりました。

白露

【新暦九月八日ごろ〜】

はくろ

空気がさわやかな季節

空気がだんだんと冷えてきました。
朝早くは、葉っぱの上にころんと丸い露を見つけられるかもしれません。
空気がすんで、夜は月がきれいに見えるこのごろです。

白露 初候 【新暦九月八日〜九月十二日ごろ】

草露白
くさのつゆしろし

草花の露が
白く光るころ

しだいに秋の気配が深まり、草花に露がおりるころ。日によっては、昼と夜の気温差が大きくなります。お散歩日和の午後は、公園や街のかたすみにある小さい秋を見つけに行きませんか？

季節のすみっこ

アキアカネ　秋の初め、街角でも見かける赤とんぼです。暑い夏の間は山にいて、秋になると下におりてくるのです。

鶺鴒鳴
せきれいなく

セキレイが さえずるころ

細長い尾を振ったり、早足で歩いたりする姿がかわいらしいセキレイ。もともとは山や水辺にいることの多い鳥ですが、種類によっては街中でも見られるので、ぜひ探してみて。

白露 次候
【新暦九月十三日〜九月十七日ごろ】

季節のすみっこ

十五夜
旧暦の八月十五日は中秋の名月。今の暦とずれがあるので、毎年九月初めから十月初めの間と、日付がかわります。

【白露 末候】【新暦九月十八日〜九月二十二日ごろ】

玄鳥去
つばめさる

ツバメが別れを告げるころ

春に来たツバメたちが子どもを育て終え、あたたかい南へ旅立ちます。いつの間にか、空が高くなってきていますね。そろそろ扇風機（せんぷうき）をしまって、秋ものの服を出しましょうか。

またね

ばいばい

秋分
【新暦九月二十三日ごろ〜】
しゅうぶん

秋の草花が
きれいな季節

秋分は春分と同じく、一日の昼と夜の長さがひとしい日です。
春のお彼岸の時期ですが、秋は「後の彼岸」と言われます。
すっかり秋めいて、秋の草花が美しく咲いています。

秋分 初候

【新暦九月二十三日〜九月二十七日ごろ】

雷乃収声

かみなりすなわちこえをおさむ

雷(かみなり)の音が
おさまるころ

夏の間、さわいでいた雷の出番も、そろそろ終わり。さらりとした秋晴れが続くようになりました。真っ青な空に、おだやかな風が雲の間をふきわたっています。こんな日はお弁当を用意して、お外ごはんを楽しみましょう。

季節のすみっこ

はぎ

秋の七草のひとつで、赤むらさきの小花をつけます。秋のお彼岸(ひがん)に食べる「おはぎ」の名前は、この花が由来です。

86

秋分 次候

【新暦九月二十八日〜十月二日ごろ】

蟄虫坏戸
むしかくれてとをふさぐ

**虫たちが
土にこもるころ**

虫たちが、冬ごもりの準備を始めるころです。土の中や木のうろ、岩の間…あったかくて居心地のいいすみかを見つけられたら、のんびり春を待ちましょう。

季節のすみっこ

彼岸花（ひがんばな）

真っ赤な花がたくさん咲くと、迫力（はくりょく）があって少しこわいくらいの美しさ。全体に毒があるので、気をつけましょう。

秋分 末候

【新暦十月三日〜十月七日ごろ】

水始涸
みずはじめてかるる

稲かりが始まるころ

稲が、待ちに待った収穫の時期をむかえました。新しいお米はいつもよりつやつや、ふっくらとしてとってもおいしいですね！お米のひとつぶひとつぶには、心も体も元気になる不思議な力がある気がしませんか？

季節のすみっこ

金木犀（きんもくせい）

秋を思わせる香りといえば、だいだい色の小花をつける金木犀。白い小花で香りがひかえめな、銀木犀もあります。

寒露（かんろ）

【新暦十月八日ごろ〜】

彩り豊かな収穫の季節

本格的な秋がやってきました。田んぼでは今や稲かりの真っ最中。そして畑や庭先では、赤や黄に色づいた果物がたくさん実っています。冬に備えた、収穫の季節です。

鴻雁来（こうがんきたる）

寒露 初候
【新暦十月八日〜十月十二日ごろ】

雁が北から
飛んでくるころ

雁などの鳥たちが、
冬を過ごすために
また日本へやってきました。
隊列を組んで遠い空を
旅してきた、わたり鳥たち。
その鳴き声で、
「もうすぐ冬だよ」と
みんなに伝えてくれます。

はやい…
しゅーっ

季節のすみっこ

鰯雲（いわしぐも）
秋の空にうかぶ、鰯の群れのような形の雲。ふわっとしていますが、実は低気圧が近づいているサインです。

寒露 次候 【新暦十月十三日～十月十七日ごろ】

菊花開
きくのはなひらく

青空の下、
菊が咲くころ

各地で菊祭りが開かれるころです。黄色や白、ピンクなど色も大きさもさまざまな種類の菊の花は、すみわたった青い空によく映えます。天気のいい日には、きのこ、なし、ぶどうなど秋の味覚狩りに出かけるのもおすすめです。

季節のすみっこ

さつまいも　　秋を代表する味。実はとれたてより、半月以上貯蔵したもののほうが、あまみが増しておいしいんだそうです。

寒露 末候 【新暦十月十八日〜十月二十二日ごろ】

蟋蟀在戸
きりぎりすとにあり

虫の音が
聞こえるころ

日が落ちるのが早くなり、夜が長く感じられるようになりました。
さえざえとした空気の中、月明かりの下では虫たちが秋の音楽をかなでています。
しばらくの間、ひびく音色に耳をかたむけてみましょう。

季節のすみっこ

虫時雨（むししぐれ）

コオロギ、スズムシ、マツムシ…草むらのすみっこで秋の虫たちがいっせいに鳴く様子を、雨音になぞらえた言葉。

霜降 （そうこう）
【新暦十月二十三日ごろ〜】

秋らしさを味わう季節

秋がひとときわ深まってきました。山間では早朝に霜がおりるようになるころです。冬が来る前に、色あざやかな紅葉の景色や、楽しい秋の夜長を味わいましょう。

【新暦十月二十三日〜十月二十七日ごろ】

霜降 初候

霜始降
しもはじめてふる

霜が初めて
おりるころ

一日ごとに、朝夕の冷えこみがきびしくなってきました。初霜の知らせが各地で届くころです。すっかり長くなった秋の夜ですが、楽しく過ごしたいですよね。本を読んだり、絵をかいたり、おいしいものを食べたり…思い思いのテーマを見つけませんか?

季節のすみっこ

秋の七草　はぎ・すすき・くず・なでしこ・おみなえし・ふじばかま・ききょうの七種類。秋の風情(ふぜい)が感じられる植物です。

霎時施

そうじせ

こさめときどきふる

冷たい小雨が
ふるころ

天気がくずれ、小雨がふりがちなころ。夏の夕立のようなはげしさはありませんが、ぱらぱらとふってくる通り雨の音を聞いていると、なんとなくさみしいような、せつないような気持ちになります。

霜降 次候

【新暦十月二十八日〜十一月一日ごろ】

季節のすみっこ

時雨（しぐれ）

秋の終わりから冬の初めにかけてふる、にわか雨のこと。秋は天気が変わりやすく、雨がよくふる時期です。

霜降 末候 【新暦十一月二日〜十一月六日ごろ】

楓蔦黄
もみじつたきばむ

木の葉が
黄色になるころ

モミジやツタなどの木の葉が、赤や黄色に色づいてきました。ひとくちに赤、黄と言っても、赤なら朱色（しゅいろ）や海老茶色（えびちゃ）、黄色なら黄土色（おうど）やからし色など…さまざまな色合いが私たちの目を楽しませてくれます。

季節のすみっこ

野山の錦（にしき）

「錦」とは多色の糸で織られた、きれいな模様の織物のこと。美しく紅葉した秋の野山のことを表しています。

行事のすみっこ
③ 植物

桃 (もも)

三月三日のひな祭りは「桃の節句」とも呼ばれ、おひなさまの人形と一緒に桃の花を供えます。
桃には、邪気（病気など悪い気）をはらう力があるとされているので、女の子のすこやかな成長をいのって、かざられるようになりました。
もとは中国が原産ですが、縄文時代にはすでに日本にあったそうですよ。

笹 (ささ)

七夕(たなばた)は、日本の行事である「棚機(たなばた)」と中国の行事が合わさって、今の形になったと言われています。
「笹の葉さらさら…」と歌にあるように、願い事を書いた短冊(たんざく)を笹につけるのは、日本ならではの風習だそう。

冬は、ぬくぬく。
外が寒くても大丈夫。
あったかいお風呂に入って、すてきな時間を過ごしたら、心も体もぬくぬくしますね。

【新暦十一月七日ごろ〜】

立冬
りっとう

冬の気配が訪れる季節

朝夕の風が日ましに冷たくなってきました。
枯葉（かれは）が舞う景色はまだ秋のようですが、暦（こよみ）の上では、今日から冬の始まりです。
あたたかい飲み物でほっとひと息、つきましょう。

山茶始開
つばきはじめてひらく

山茶花の花が咲くころ

冷たく強い北風の木枯らし一号がふくころ、ピンク色の山茶花の花が、ぽつぽつと咲き始めます。椿とまちがいやすいのですが、ひと足先に咲くのが山茶花です。色の少ないこの季節、街をはなやかに彩ります。

立冬 初候
【新暦十一月七日〜十一月十一日ごろ】

ブルブル

季節のすみっこ
山茶花（さざんか）

椿の仲間で、晩秋から冬にかけて花を咲かせます。椿とちがい、花びらが一枚ずつ落ちるように散るのが特徴です。

立冬 次候 【新暦十一月十二日〜十一月十六日ごろ】

地始凍

ちはじめてこおる

大地がこおり
始めるころ

ぐっと冷えこんだ日の朝は、土の上に霜柱(しもばしら)が立っているのが見えるかもしれません。北国では初雪の知らせが届き始めるころです。あたたかくして冬支度を整えましょう。

季節のすみっこ

千歳飴(ちとせあめ)

十一月十五日の七五三と言えば千歳飴。子どもがすこやかで長生きするように、という願いがこめられています。

金盞香
きんせんかさく

スイセンの花が香るころ

「金盞」とは、スイセンのこと。
寒い雪の中でも花を咲かせることから「雪中花」とも呼ばれます。
寒さに負けずに、一生けんめい咲く様子がとてもけなげに見えますね。

立冬 末候

【新暦十一月十七日～十一月二十一日ごろ】

【新暦十一月二十二日ごろ〜】

小雪
しょうせつ

雪が舞い始める季節

北国や山間では、雨のかわりに雪のちらつく日が増えてきました。つもるのはもう少し先でしょうか。寒い日が続きますが、そんなときはみんなでおしくらまんじゅう。体がぽかぽかになりますよ。

虹蔵不見
にじかくれてみえず

虹が
見えなくなるころ

このころになると
日差しがだんだんと弱まり、
虹が出にくくなります。
春が来るまでしばらくは、
虹とさようなら。
かぜをひきやすい時期なので、
夜はあたたかくして
過ごしましょうね。

小雪 初候
【新暦十一月二十二日〜十一月二十六日ごろ】

季節のすみっこ

ふくら雀(すずめ)

寒い季節に羽をふくらませて、まんまるになったスズメのことをこう呼びます。スズメも冬のよそおいですね。

【小雪 次候】【新暦十一月二十七日～十二月一日ごろ】

朔風払葉
きたかぜこのはをはらう

北風が木の葉を
散らすころ

モミジやツタに続いて、イチョウの葉も黄色くなってきました。北風が、枝に残った葉っぱをはらはらと散らしていきます。日がしずんで夜になると、ぐんと冷えこみますね。

ストーブやコートの用意はできていますか？

季節のすみっこ

小春日和(こはるびより)　冬の初めのころの、春のようにおだやかであたかい天気のこと。「春」の字が入りますが、今の時期の言葉です。

小雪 末候
【新暦十二月二日〜十二月六日ごろ】

橘始黄
たちばなはじめてきばむ

橘の実が
黄色く熟すころ

冬は、かんきつ類が
実を結ぶ季節。
橘と同じかんきつ類の
みかんやきんかんは、
冬の味覚として
なじみ深い果物です。
そして冬といえば、やっぱり
こたつでみかんですよね。

季節のすみっこ

橘（たちばな）

日本古来のかんきつ類で、神聖な植物とされてきました。
残念ながら、果実はすっぱいので食べられません。

大雪
【新暦十二月七日ごろ〜】

雪がふりつもる季節

北国では、
厚いなまり色の雲が
太陽をふさぎ、
野山や家々の屋根に
雪がふりつもるように
なりました。
本格的な冬の訪れに、
動物も人も、みんな
あわただしくなる
季節です。

【大雪 初候】

【新暦十二月七日〜十二月十一日ごろ】

閉塞成冬
そらさむくふゆとなる

**冬が本番を
むかえるころ**

毎年、初めて雪がつもった日は、少し特別です。
雪かきは大変ですが、雪だるまや雪うさぎ、雪合戦…
たまには子どものころにもどって、思い切り雪と遊んでみませんか？

季節のすみっこ
南天（なんてん）

「難を転じる」ことから、厄よけとして庭のすみに植えられることも。赤い実は雪うさぎの目に、葉は耳になります。

熊蟄穴
くまあなにこもる

熊が穴にこもるころ

山にいる熊が、冬ごもりを始めるころです。動物たちは、冬眠したり冬用の毛に生えかわったりと、寒さをしのぐ工夫をいろいろとします。ふろしきも、一枚あるとあったかいですよね。

大雪 次候
【新暦十二月十二日～十二月十六日ごろ】

季節のすみっこ
蓮根（れんこん）

土の下にのびた、蓮（はす）の茎の部分。穴が開いていることから「先を見とおす」として、縁起（えんぎ）のいい食べ物とされています。

大雪 末候

【新暦十二月十七日〜十二月二十一日ごろ】

鱖魚群
さけのうおむらがる

鮭が故郷の川に帰るころ

海にいた鮭たちが、卵を産むために故郷の川に帰ってきます。年末が近づき、久しぶりにみんなで集まることも多い季節。いそがしいながらも、楽しいひとときです。

季節のすみっこ
風花（かざはな）

晴れた空に、風に舞う雪を花にたとえた言葉です。ほかにも「細雪（ささめゆき）」「六花（ろっか）」など、雪を表す言葉はたくさんあります。

冬至

【新暦十二月二十二日ごろ〜】

これから冬が深まる季節

一年で一番昼が短く、太陽の力が弱い日。寒さはこれからさらにきびしくなります。冬至といえば南瓜。栄養たっぷりの南瓜を食べて、年の瀬を元気に乗り切りましょう。

【冬至　初候】
【新暦十二月二十二日〜十二月二十六日ごろ】

乃東生
なつかれくさしょうず

ウツボグサの芽が出るころ

夏至(げし)のころに花を落としたウツボグサが、ふたたび芽を出します。寒い中でも芽を出す様子に、元気づけられますね。
つかれた日は、いつもより長めにお風呂につかって、ゆっくり体を休めましょう。

季節のすみっこ

ゆず湯

冬至(とうじ)の日にゆず湯に入ると、かぜをひかないと言われます。ゆずのさわやかな香りで、心も体もリフレッシュ。

冬至 次候

【新暦十二月二十七日〜十二月三十一日ごろ】

麋角解
さわしかのつのおつる

鹿の角が
ぬけ落ちるころ

鹿たちの角が落ち始めると、今年もおしまいです。お正月に備えて、家々では餅つきがおこなわれます。つきたてのお餅はやわらかくしっとりとして、いくらでも食べられそう。

季節のすみっこ

餅つき

年末に行う、日本の風物詩。九が「苦」に通じることから、十二月二十九日は餅つきをしない地域もあります。

冬至 末候 【新暦一月一日〜一月四日ごろ】

雪下出麦
ゆきわたりてむぎのびる

雪の下で
麦が芽を出すころ

一年の最後の日である大晦日（おおみそか）。
いてついた冬の夜空に
百八つの除夜（じょや）の鐘（かね）がひびいたあと…
ついにお正月をむかえます！
初日の出、おせち料理に初詣（はつもうで）…だれもが笑顔です。
そんなふうに新しい年が始まるころ、
麦も雪の下で、新しい芽をのばしています。

季節のすみっこ

初夢

年が明けてから初めて見る夢のこと。「一富士（いちふじ）、二鷹（にたか）、三茄子（なすび）」の夢がいいと広まったのは、江戸時代からです。

【新暦一月五日ごろ〜】

小寒
しょうかん

寒さが日ましに
つのる季節

朝がぐっと
冷えこむように
なりましたね。
小寒に入ることを
「寒の入り」と言い、
「寒中見舞い」を
出すのはこの日から。
まだのんびりして
いたいけれど、
そろそろお正月も
終わりです。

芹乃栄
せりすなわちさかう

せりがぐんぐんとのびるころ

せりは、シャキシャキとした食感と、青くさい香りのある春の七草のひとつ。一月七日にみんなで七草がゆをつくって食べたら、今年一年も元気に過ごせそう。

小寒 初候
【新暦 一月五日〜一月九日ごろ】

季節のすみっこ

春の七草

せり・なずな・ごぎょう・はこべら・ほとけのざ・すずな・すずしろの七種類。すべて食べられる植物です。

小寒 次候

【新暦一月十日〜一月十四日ごろ】

水泉動

しみずあたたかをふくむ

こおった泉が
動き始めるころ

冷え切った土の下で、水がゆるやかに動いています。
寒の入りから九日目、一月十三日ごろの「寒九（かんく）」の水は、薬を飲むのにいいとされる特別な水なのだそう。

季節のすみっこ

鏡開き（かがみびらき）

お正月に神さまにお供えした鏡餅（かがみもち）を下げる日です。刃物（はもの）は使わずに木づちなどで割り、みんなでいただきましょう。

122

雉始雊
きじはじめてなく

キジの鳴き声が聞こえるころ

ケーンケーンと声高に鳴くキジですが、実際に鳴き声が聞こえ始めるのは三月から四月ごろのこと。北国では雪が厚くつもり、大きなつららがのき先にできます。雪遊びには困りませんね。

小寒 末候
【新暦 一月十五日〜一月十九日ごろ】

季節のすみっこ
福寿草（ふくじゅそう）

木の下のすみっこ、地面に近いところに咲きます。明るい黄色の花が、冬のさみしい景色をはなやかにします。

大寒
だいかん
【新暦一月二十日ごろ〜】

身もこおるような冬の最後の季節

冷たい空気に、身もこおるような心地がします。大寒は一年で一番寒い時期ですが、同時に冬の最後の季節でもあります。寒い中での楽しみを味わいながら、春を待ちたいですね。

款冬華

ふきのはなさく

ふきのとうが
顔を出すころ

このころ、山間で深くつもった雪をよけると、ふきのとうのつぼみを見つけることができます。まだ冬のさなかですが、見えないところでゆっくりと春は来ているのです。

大寒 初候
【新暦一月二十日～一月二十四日ごろ】

季節のすみっこ

椿（つばき）

冬から早春にかけて咲き、花の赤や白と葉の緑が目にもあざやかです。山茶花（さざんか）とちがい、花が丸ごと落ちます。

【新暦一月二十五日〜一月二十九日ごろ】

大寒 次候

水沢腹堅
さわみずこおりつめる

沢の水が
こおりつくころ

もっとも冷えこみが
きびしい今の時期は、
小川にも厚い氷が張って
キンと、こおりつきます。
たまには冬のスポーツで
体を動かすのも
いいかもしれませんね。

季節のすみっこ

春隣(はるどなり)

冬の終わりに、春がすぐそこまで来ていることを表す言葉。
春を待ちどおしく思う気持ちが感じられますね。

鶏始乳

にわとりはじめてとやにつく

ニワトリが卵を産むころ

ニワトリたちがその年初めて卵を産むころ、寒い冬もようやく終わります。二月三日は節分の日。豆をまいて鬼を追いはらい、新しい春をむかえましょう！

大寒 末候
【新暦一月三十日～二月三日ごろ】

季節のすみっこ

節分(せつぶん)

季節の節目の大切な日。豆まきのほかに柊鰯(ひいらぎいわし)をかざる、恵方(えほう)巻きや福茶をいただくなど、多くの習わしがあります。

監修	サンエックス
デザイン	宮下ヨシヲ（サイフォン グラフィカ）
DTP	渡辺靖子（リベラル社）
編集	高清水純（リベラル社）
編集協力	よこみぞゆり・上杉葉子・桐野朋子（以上、サンエックス株式会社）
編集人	伊藤光恵（リベラル社）
営業	廣田修（リベラル社）
編集部	堀友香・上島俊秀・山田吉之
営業部	津村卓・津田滋春・青木ちはる・榎正樹・澤順二・大野勝司

参考文献
『二十四節気と七十二候の季節手帖』（成美堂出版）、『にっぽんの七十二候』（枻出版社）、『大切にしたい、にっぽんの暮らし。』（サンクチュアリ出版）、『日本の七十二候を楽しむ　ー旧暦のある暮らしー』（東邦出版）

すみっコぐらしの四季めぐり

2019年4月25日　初版

監修	サンエックス
発行者	隅田 直樹
発行所	株式会社 リベラル社
	〒460-0008 名古屋市中区栄 3-7-9 新鏡栄ビル8F
	TEL 052-261-9101　FAX 052-261-9134　http://liberalsya.com
発売	株式会社 星雲社
	〒112-0005 東京都文京区水道 1-3-30　TEL 03-3868-3275

©2019 San-X Co., Ltd. All Rights Reserved.
©Liberalsya 2019 Printed in Japan
ISBN978-4-434-25871-8

落丁・乱丁本は弊社送料負担にてお取り替え致します。